GIANNI RELAX

"Benvenuti nel mondo di 'Sarcasmo in Colori'! Questo straordinario libro da colorare è una divertente raccolta di frasi ironiche e pungenti, che ti invita a esplorare il lato più tagliente del tuo umorismo. Prendi i tuoi pennarelli e immergiti nella bellezza dell'irriverenza mentre dai sfogo ai tuoi pensieri più audaci, quelli che spesso rimangono inespressi. Rilassati, ridi e goditi il piacere di colorare queste battute sarcastiche, esprimendo con creatività ciò che normalmente resta nascosto.

QUESTO LIBRO DA COLORARE APPARTIENE A:

____

TEST DEI COLORI

Prima di iniziare a colorare, utilizza questa pagina per testare i tuoi colori. Guarda come appaiono sulla carta, prova combinazioni, o esercitati con le tecniche di sfumatura e mescolanza per rendere la tua esperienza di colorazione il più piacevole possibile.

BRAVO
hai fatto
proprio un
capolavoro!

GRAZIE
mille
Genio

OH
chissà
come mai

CHI
se ne
Frega

NON
mi
interessa

SARA
proprio
vero

GRAZIE
aran
favore

sì più
davvero

no peccato

WOW
Che idea
geniale!
Cazzo

OEH
d'avvero
sorprendente

CERTO
tutto
Chiaro

CHE
Originalità
Complimenti

GRAZIE
Immaginavo

GENIALE
proprio
Geniale

GRAZIE
mi
Commuovo

Non mi
interessa

CHE
meraviglia
incredibile
scoperta

DAVVERO
LO immaginavo

FANTASTICO
proprio quello che
ci mancava

certo
hai sempre
ragione tu

FANTASTICO
incredibile
esattamente

FUTARO
certo
OVVIO

GRAZIE
grandissimo
favore

FANTASTICO
FA tutto
chiaro

proprio
bravo
davvero

CERTO
sicuramente
sei l'esperto qui

MA CERTO
è proprio
un'idea geniale

DERFETTO
bravo
proprio bravo

FANTASTICO
tutto
chiaro

FUE
sorpresa
assolutamente
sorprendente

FANTASTICO
proprio
fantastico

OVVIO
certamente
naturalmente

GRAZIE
gran
favore

DAVVERO
immaginavo

OVVIO
certamente
naturalmente

CHE
scoberta
proprio
illuminante

BRAVO
grandissimo
risultato

PERFETTO
proprio
perfetto

FANTASTICO
COSÌ
incredibile

CHIARO.
proprio
chiaro

DAVVERO
assolutamente
vero

PROPRIO
COSÌ
esatto

PERFETTO
proprio
perfetto

OVVIO
certo
chiaro

BRAVO
davvero
bravo

GRAZIE
proprio
grandioso

DAVVERO
proprio
interessante

Eccezionale
proprio
eccezionale

Sarà
proprio
così

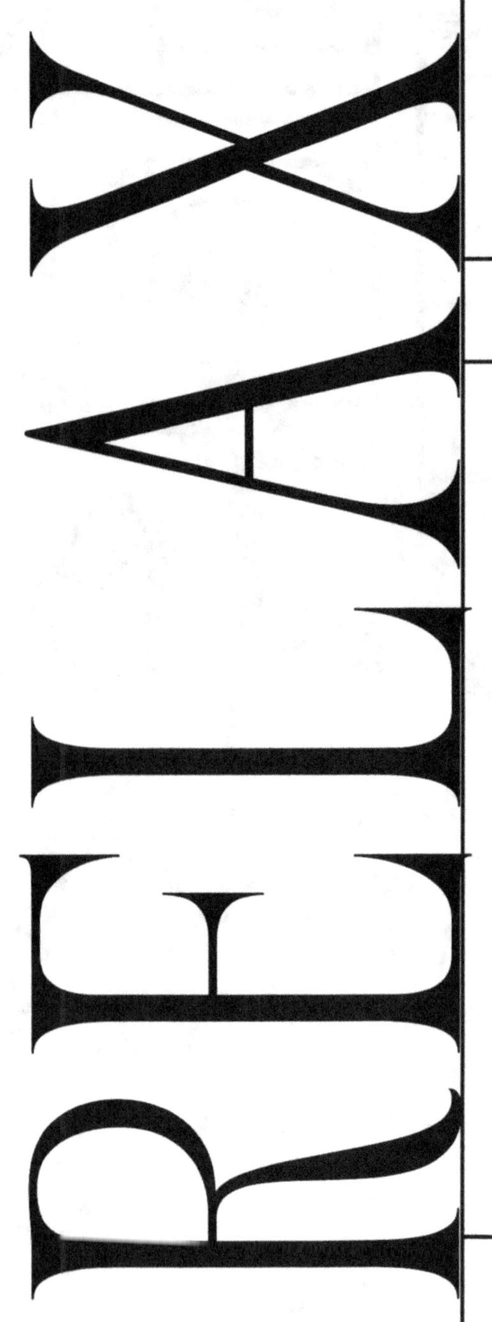

OUR
COLLECTIONS

THANK'S YOU

GIVE YOURSELF A MINUTE TO FEEL THAT CALM THAT YOU FOUND, IN EVERY LINE, IN EVERY COLOR, IN YOUR CREATIVITY. You are a Creative and Splendid being. CONGRATULATIONS!

If you liked our creation. If you liked this beautiful gift of relaxation!

We invite you to Leave us a Review. It helps and encourages us in our work.

GIFT: FOR GREATER EFFECT.

While you draw. Listen to our music channel created for you!

SCAN QR.

MUSIC CHANNEL 4YOU